MINISTÈRE DES COLONIES

GOUVERNEMENT GÉNÉRAL DE L'AFRIQUE OCCIDENTALE FRANÇAISE

DURÉE DU MARCHÉ :

UN AN

du 1ᵉʳ avril 1905
au 31 mars 1906

—

DATE

de la notification :

MARCHÉ SOUSCRIT

le 16 février 1905

—

PAYABLE
à
CONAKRY
(GUINÉE)

COLONIE

DE LA

GUINÉE FRANÇAISE

SERVICE LOCAL

3ᵉ BUREAU DU GOUVERNEMENT

CAHIER

DES CONDITIONS PARTICULIÈRES RELATIVES A L'ADJUDICATION
SUR SOUMISSIONS CACHETÉES

DE LA FOURNITURE DES MATÉRIAUX, DENRÉES ET OBJETS DIVERS

NÉCESSAIRES AU SERVICE LOCAL DE LA GUINÉE FRANÇAISE

DU 1ᵉʳ AVRIL 1905 AU 31 MARS 1906

NANCY

IMPRIMERIE BERGER-LEVRAULT & Cⁱᵉ

18, RUE DES GLACIS, 18

1905

MINISTÈRE DES COLONIES

GOUVERNEMENT GÉNÉRAL DE L'AFRIQUE OCCIDENTALE FRANÇAISE

DURÉE DU MARCHÉ :

UN AN

du 1er avril 1905
au 31 mars 1906

DATE

de la notification

COLONIE

DE LA

GUINÉE FRANÇAISE

SERVICE LOCAL

3e BUREAU DU GOUVERNEMENT

MARCHÉ SOUSCRIT

le 16 février 1905

PAYABLE
à
CONAKRY

(GUINÉE)

CAHIER

DES CONDITIONS PARTICULIÈRES RELATIVES A L'ADJUDICATION SUR SOUMISSIONS CACHETÉES

DE LA FOURNITURE DES MATÉRIAUX, DENRÉES ET OBJETS DIVERS NÉCESSAIRES AU SERVICE LOCAL DE LA GUINÉE FRANÇAISE DU 1er AVRIL 1905 AU 31 MARS 1906

NANCY

IMPRIMERIE BERGER-LEVRAULT & Cie

18, RUE DES GLACIS, 18

1905

MINISTÈRE DES COLONIES

———

GOUVERNEMENT GÉNÉRAL DE L'AFRIQUE OCCIDENTALE FRANÇAISE

———

COLONIE DE LA GUINÉE FRANÇAISE

———

SERVICE LOCAL

———

3e BUREAU DU GOUVERNEMENT

———

CAHIER

DES CONDITIONS PARTICULIÈRES RELATIVES A L'ADJUDICATION SUR SOUMISSIONS CACHETÉES DE LA FOURNITURE DES MATÉRIAUX, DENRÉES ET OBJETS DIVERS NÉCESSAIRES AU SERVICE LOCAL DE LA GUINÉE FRANÇAISE DU 1er AVRIL 1905 AU 31 MARS 1906.

Art. 1er. — La présente adjudication a pour objet la fourniture des matériaux et produits divers nécessaires au service local de la Guinée française du 1er avril 1905 au 31 mars 1906.

La fourniture est divisée en dix lots, savoir:

1er lot. — Chaux et ciments.
2e lot. — Charbon.
3e lot. — Riz, foin, mil, orge, paille d'arachides.
4e lot. — Toiles, tissus, habillement.
5e lot. — Matières, objets et ustensiles divers.
6e lot. — Outils pour professions diverses.

7e lot. — Cordages et objets spéciaux de matériel naval.
8e lot. — Bois.
9e lot. — Briques. Tuiles et carreaux.
10e lot. — Peinture. Huile. Essence. Vernis.

Art. 2. — Sont seules admises à concourir à la présente adjudication les maisons de commerce de nationalité française.

L'adjudication aura lieu avec concurrence et publicité aux bureaux du gouvernement (3e bureau), par la commission des marchés, le jeudi 16 février 1905, à 8 heures précises du matin. Les soumissions devront être établies conformément au modèle annexé au présent cahier des charges; elles indiqueront très exactement les noms des personnes, les raisons sociales ou les dénominations des sociétés commercia'es qui se présenteront comme soumissionnaires, ainsi que leur domicile ou siège social.

Conformément aux dispositions de l'article 6 des conditions générales du 7 juillet 1899, les soumissions devront être déposées sur le bureau en séance publique dans les quinze minutes qui suivront l'ouverture de la séance d'adjudication. Elles seront mises dans une enveloppe avec la souscription : « Lot n°..... — Soumission pour la fourniture de . . . . nécessaires au service local de la Guinée française du 1er avril 1905 au 31 mars 1906. »

Art. 3. — Il ne sera pas indiqué de prix de base. Les concurrents détermineront eux-mêmes les prix auxquels ils se chargeront de la fourniture pour chaque article, et le soumissionnaire qui, pour l'ensemble des prix et la totalité des articles et quantités figurant dans la nomenclature afférente à chaque lot, aura présenté l'offre la plus avantageuse à la colonie, sera déclaré adjudicataire provisoire du lot correspondant, sous réserve de la vérification des calculs et de l'approbation du gouverneur en conseil d'administration.

Les prix unitaires de chacun des articles portés à la soumission devront être exprimés en francs et centimes ; tout millième sera négligé.

Art. 4. — Toutefois, en ce qui concerne les articles désignés à la nomenclature des lots, l'adjudication aura lieu pour chaque catégorie d'objets, sur présentation d'échantillons correspondants qui devront être déposés, trois jours avant la date de l'adjudication, au troisième bureau du gouvernement.

Ces échantillons seront examinés par une commission spéciale chargée de s'assurer qu'ils répondent bien, comme confection et qualité, aux besoins du service auquel ils sont destinés.

La commission sera libre de les soumettre à telles épreuves ou expertises qu'elle jugera utiles pour éclairer son appréciation.

Le procès-verbal de ces opérations ne mentionnera pas les motifs du rejet des échantillons jugés insuffisants.

Lecture de ce procès-verbal sera donnée en séance publique d'adjudication. Les soumissions correspondant aux échantillons éliminés seront écartées sans être ouvertes.

Le soumissionnaire qui aura offert le prix le moins élevé pour l'un des échantillons reconnus bons sera déclaré adjudicataire provisoire.

Aʀᴛ. 5. — Les droits de douane sur les denrées et matières de toute nature, les droits de navigation et toutes autres taxes sont à la charge du fournisseur.

Aʀᴛ. 6. — Les quantités prévues dans chacun des états annexés au présent cahier des charges et auxquelles les prix unitaires sont appliqués pour l'adjudication, n'engagent en rien l'administration de la colonie qui se réserve le droit de régler les commandes suivant les besoins du service et d'augmenter ou de diminuer ces quantités dans la proportion de un quart en plus ou en moins.

Aʀᴛ. 7. — Les soumissionnaires devront joindre à l'appui de leur soumission un récépissé constatant le versement au Trésor public, à titre de cautionnement provisoire, d'une somme de :

> 500 fr. pour le 1ᵉʳ lot.
> 500 fr. pour le 2ᵉ lot.
> 500 fr. pour le 3ᵉ lot.
> 1 000 fr. pour le 4ᵉ lot.
> 250 fr. pour le 5ᵉ lot.
> 1 500 fr. pour le 6ᵉ lot.
> 250 fr. pour le 7ᵉ lot.
> 1 000 fr. pour le 8ᵉ lot.
> 300 fr. pour le 9ᵉ lot.
> 500 fr. pour le 10ᵉ lot.

Ce récépissé sera remis, après la proclamation du résultat de l'adjudication, aux soumissionnaires qui n'auront pas été déclarés adjudicataires.

Aʀᴛ. 8. — Dans les dix jours qui suivront la notification de l'approbation, par M. le gouverneur en conseil d'administration, de l'adjudication, l'adjudicataire de chaque lot devra convertir son cautionnement provisoire en cautionnement définitif, d'une importance double.

ART. 9. — A la séance d'adjudication les soumissionnaires devront se présenter en personne ou se faire représenter par leurs fondés de pouvoir. Une même personne ne pourra représenter qu'un seul et même soumissionnaire.

Le résultat définitif de l'adjudication sera proclamé à la séance de la commission du 23 février 1905.

Lors de la proclamation des résultats définitifs, le président signalera aux adjudicataires les modifications qui pourraient être demandées par l'administration au point de vue de la forme, des dimensions, des marques et de la désignation exacte du matériel proposé.

Les représentants des adjudicataires devront avoir pleins pouvoirs pour accepter ces modifications, séance tenante.

Il est bien entendu qu'il ne pourra être demandé de modifications entraînant des changements de prix, que si elles ne sont pas de nature à modifier l'ordre de classement des soumissionnaires.

L'adjudication ne sera définitive qu'après l'approbation du gouverneur en conseil d'administration.

ART. 10. — Les livraisons devront être effectuées dans le magasin des approvisionnements du service local, aux frais et risques des adjudicataires, suivant commandes régulières adressées par le 3e bureau du gouvernement. Le tiers des fournitures de chaque lot sera tenu à la disposition de l'administration à partir du 15 avril 1905. La totalité des articles ou quantités restant à livrer sera exigible à compter du 1er juillet 1905.

Les contenants (fûts, caisses, toiles d'emballage, estagnons, etc.) demeurent la propriété de l'administration, sans indemnité pour le fournisseur.

ART. 11. — Les recettes seront effectuées au magasin des approvisionnements, pour chaque article fourni, par une commission spécialement désignée à cet effet par le gouverneur.

Cette commission, qui siégera lors de chaque livraison, pourra prononcer l'admission, la mise à réparer ou à bonifier, ou le rejet de la fourniture. Elle se composera d'un nombre impair de membres et ses décisions seront prises à la majorité des voix.

Les fournisseurs ou leurs représentants seront prévenus à l'effet de pouvoir assister aux séances de la commission de recettes, mais les délibérations s'effectueront toujours hors de leur présence.

Le fournisseur ne pourra arguer, en vue de faire admettre en recette, de la conformité des produits qu'il présente avec ceux déjà fournis ou existant dans les magasins de l'administration.

Les décisions de la commission de recette seront immédiatement exécutoires lorsqu'elles concluront à l'acceptation des matières ou objets ; dans le cas contraire, il y aura sursis jusqu'à l'expiration du délai d'appel prévu par l'article 12 ci-après.

Dans le cas où les matières fournies par les adjudicataires des lots comportant des fournitures sur échantillons ne seraient pas en tous points conformes aux échantillons déposés avant l'adjudication, la commission de recette procédant à la réception de la marchandise pourra rigoureusement les refuser.

Les matières ou objets rebutés devront être enlevés par le fournisseur, à ses frais et risques, dans le délai de trois jours à partir de la notification du rebut définitif de la fourniture.

Ils devront être remplacés dans les délais réglementaires.

Art. 12. — Les fournisseurs qui croiront devoir réclamer contre un rebut prononcé par la commission de recette seront admis à faire appel, par mémoire écrit et signé par les intéressés, devant le gouverneur, qui se prononcera en dernier ressort sur le maintien ou le rejet de la fourniture.

Leurs requêtes, pour être recevables, devront parvenir dans le délai des trois jours qui suivront la notification verbale ou écrite du rebut.

Art. 13. — Si, dans les délais fixés par l'article 8 du présent cahier des charges, le fournisseur n'effectue pas les livraisons ou ne remplace pas les quantités refusées et s'il ne peut alléguer le cas de force majeure, dûment justifié, il sera procédé, dans la colonie, à leur achat, à ses frais et risques. Toutes les contestations qui pourraient survenir à l'occasion de la présente adjudication seront jugées administrativement.

Art. 14. — Conformément aux dispositions de l'article 27 du décret du 18 novembre 1882, le fournisseur sera tenu de présenter, sous peine de déchéance, en même temps que les objets livrés, sa facture en deux expéditions.

Cette facture, mise en concordance, s'il y a lieu, avec le procès-verbal de recette, servira de base au payement de la livraison.

Quand les quantités admises en recette ne correspondent pas à celles annoncées par le fournisseur, la concordance sera établie d'office par l'administration sur la facture, qui sera arrêtée à nouveau en toutes lettres. Cette rectification sera ensuite reconnue exacte par le fournisseur.

ART. 15. — Les payements seront faits à Conakry.

ART. 16. — Il sera imprimé, aux frais des adjudicataires et au prorata de l'importance de chaque lot, deux cents exemplaires du présent cahier des charges, des conditions particulières, des tableaux-nomenclatures, joints aux soumissions ou fournis ultérieurement, du procès-verbal d'adjudication et de soumission.

Quatre exemplaires seront remis respectivement à la charge des adjudicataires de chaque lot.

ART. 17. — Les frais d'enregistrement seront à la charge des adjudicataires.

ART. 18. — Les conditions générales des marchés du 7 juillet 1899 seront applicables au présent marché, en toutes celles de leurs dispositions auxquelles il n'a pas été dérogé par les conditions particulières qui précèdent.

Conakry, le 12 janvier 1905.

Le chef du 3e bureau,

Vu :

Signé : GARNIER-LAROCHE.

Le secrétaire général,

Signé : TAUTAIN.

Approuvé en conseil d'administration.

Le lieutenant-gouverneur,

Signé : A. FREZOULS.

Pour copie conforme :

Le chef du cabinet du lieutenant-gouverneur.

MODÈLE

Nous, soussignés . . . . demeurant à Conakry, nous soumettons et engageons envers le secrétaire général, stipulant au nom et par délégation de M. le gouverneur de la Guinée française, à fournir et à livrer à nos frais et risques, dans les locaux du service local, ou à l'emplacement désigné par l'administration, à Conakry, dans les délais et aux conditions déterminés par le cahier des charges relatif à la fourniture des matériaux, denrées et objets divers nécessaires au service local du 1ᵉʳ avril 1905 au 31 mars 1906, composant le lot n°....., moyennant le prix total de.....

Il est bien entendu que les quantités portées dans la nomenclature auxquelles les prix unitaires sont appliqués pour l'adjudication, n'engagent en rien l'administration de la colonie et seront réduites ou augmentées, suivant les besoins.

. Nous déclarons en outre avoir une parfaite connaissance du cahier des charges particulières à ladite fourniture, ainsi que des conditions générales des marchés du 7 juillet 1899, et nous engageons à nous y conformer en tout ce qui n'est pas contraire aux stipulations qui précèdent.

Conakry, le   1905.

PROCÈS-VERBAL

Conformément aux dispositions de l'article 4 du cahier des charges relatif à l'adjudication sur soumissions cachetées de la fourniture des matériaux, denrées et objets divers nécessaires au service local de la Guinée française du 1ᵉʳ avril 1905 au 31 mars 1906, ce treize février .. neuf cent cinq, à 8 heures précises du matin, une commission composée de :

MM. Tautain, secrétaire général, président ;
    Garnier-Laroche, chef de bureau de 2ᵉ classe des secrétariats généraux, chef du 3ᵉ bureau ;
    Lehure, commis de 2ᵉ classe des secrétariats généraux,

s'est réunie à l'effet d'examiner les échantillons déposés par les commerçants de Conakry, désireux de présenter des soumissions pour les articles désignés aux nomenclatures jointes audit cahier des charges.

Après avoir soumis ces échantillons à différentes épreuves et expertises, les membres de la commission déclarent accepter les..... (désignation des échantillons par numéros d'ordre et marque spéciale.....) qui répondent, comme confection et qualité, aux besoins du service auquel ils sont destinés.

En foi de quoi ils ont rédigé le présent procès-verbal, les jour, mois et an que dessus.

Le président,
Signé : TAUTAIN.

PROCÈS-VERBAL

Conformément aux dispositions de l'article 4 du cahier des charges relatif à l'adjudication sur soumissions cachetées de la fourniture des matériaux, denrées et objets divers nécessaires au service local de la Guinée française du 1ᵉʳ avril 1905 au 31 mars 1906, ce quatorze février mil neuf cent cinq, à 2 heures de l'après-midi, une commission composée de :

MM. Tautain, secrétaire général, président ;

Garnier-Laroche, chef de bureau des secrétariats généraux, chef du 3ᵉ bureau ;

Lehure, commis de 2ᵉ classe du secrétariat général, représentant le comptable gestionnaire du magasin du service local à Conakry,

s'est réunie à l'effet d'examiner les échantillons déposés par les commerçants de Conakry, désireux de présenter des soumissions pour les articles désignés aux nomenclatures jointes audit cahier des charges.

Après avoir soumis ces échantillons à différentes épreuves et expertises, les membres de la commission déclarent accepter les échantillons suivants :

4ᵉ lot.

1. Coutil blanc ;
2. Toile kaki ;
3. Toile à matelas ;
4. —
5. Toile pour oreiller et traversin ;
15. Tulle pour moustiquaires ;
17. Toile bleue, très forte,

qui répondent, comme confection et qualité, aux besoins du service auquel ils sont destinés.

La commission a écarté les échantillons de :

1. Coutil blanc écru. Compagnie coloniale ;
12. Drap vert pour bureau. Compagnie coloniale,

qui, en raison de leur apparence, ne présentent pas les conditions exigées.

En foi de quoi ils ont rédigé le présent procès-verbal, les jour, mois et an que dessus.

Le secrétaire général, président.
Signé : TAUTAIN.

Les membres,
Signé : GARNIER-LAROCHE,
Signé : LEHURE.

PROCÈS-VERBAL

Conformément aux dispositions de l'article 4 du cahier des charges relatif à l'adjudication sur soumissions cachetées de la fourniture des matériaux, denrées et objets divers nécessaires au service local de la Guinée française du 1er avril 1905 au 31 mars 1906, ce quinze février mil neuf cent cinq, à 10 heures du matin, une commission composée de :

MM. Tautain, secrétaire général, président ;

Garnier-Laroche, chef du 3e bureau ;

Lehure, commis du secrétariat général, représentant le comptable gestionnaire du magasin du service local à Conakry,

s'est réunie à l'effet d'examiner un nouvel échantillon de drap vert pour bureau présenté par la Compagnie coloniale d'exportation, désireuse de présenter des soumissions pour les articles désignés aux nomenclatures jointes audit cahier des charges.

Après avoir soumis cet échantillon à différentes épreuves et expertises, les membres de la commission déclarent accepter l'échantillon suivant :

12. Drap vert pour bureau,

qui répond, comme confection et qualité, aux besoins du service auquel il est destiné.

En foi de quoi ils ont rédigé le présent procès-verbal, les jour, mois et an que dessus.

Le secrétaire général, président,
TAUTAIN.

Les membres,
GARNIER-LAROCHE,
LEHURE.

*État annexé au cahier des charges de l'adjudication générale
des fournitures du 1ᵉʳ avril 1905 au 31 mars 1906.*

1ᵉʳ lot. — CHAUX ET CIMENTS

Nᵒ d'ordre	DÉSIGNATION DES MATIÈRES	ESPÈCES des unités	QUAN- TITÉS à livrer	PRIX de l'unité	TOTAUX
1	Chaux du Theil (Pavin-Lafargue)	Tonne	300	53ᶠ 25	15 975ᶠ 00
2	Ciment à prise lente (Vicat).	—	50	66 35	3 317 50
3	Chaux grasse en baril	—	5	60 00	300 00
	Total.				19 592ᶠ 50

Observations.

La chaux hydraulique devra être de bonne qualité; elle sera logée
dans des sacs plombés avec la marque du « Theil »; elle devra provenir des usines Pavin et Lafarge; le poids de chaque sac devra être
de 50 kilogr.

Tout sac en mauvais état ou dans lequel se trouveraient des parties
de chaux ayant fait prise par l'effet de l'humidité sera refusé.

La chaux grasse sera renfermée dans des barils hermétiquement
clos; la quantité d'eau devra être proportionnée comme suit : pour
trois volumes de chaux, un volume d'eau; bien remuée elle devra présenter ainsi une bouillie très épaisse.

Si le service local s'aperçoit, dans l'emploi qu'il fera ultérieurement
de cette chaux, qu'une autre quantité d'eau a été ajoutée dans les bar-
riques, l'article 73 des conditions générales des marchés sera applicable
dans toute sa rigueur.

Le ciment sera renfermé dans des barils ne présentant aucune trace
d'humidité, et ne devra pas avoir plus de six mois de magasin.

Les barils devront être de 200 kilogr. net et porter la marque et
provenance : « Demarle et Longuety », de Boulogne-sur-Mer, ou
« Vicat », de la Grande-Chartreuse, nᵒ 2 (prise lente).

SOUMISSION

Je soussignée, Compagnie coloniale d'exportation, demeurant à Conakry, me soumets et m'engage envers le lieutenant-gouverneur, stipulant au nom de la colonie de la Guinée française, à fournir et à livrer à mes frais et risques dans les locaux du service local, dans le délai et aux conditions déterminés par le cahier des charges relatif à la fourniture des matériaux nécessaires au service local du 1er avril 1905 au 31 mars 1906, composant le lot n° 1, moyennant le prix total de dix-neuf mille cinq cent quatre-vingt-douze francs cinquante centimes (19 592 fr. 50).

Je déclare, en outre, avoir une parfaite connaissance des conditions générales du 7 juillet 1899, et m'engage à m'y conformer en tout ce qui n'est pas contraire aux stipulations qui précèdent.

Conakry, le 16 février 1905.

Compagnie coloniale d'exportation,
L'agent fondé de pouvoir p. i.,
Signé : VERNÈDE.

État annexé au cahier des charges de l'adjudication générale des fournitures du 1er avril 1905 au 31 mars 1906.

2e lot. — CHARBON

N° d'ordre	DÉSIGNATION DES MATIÈRES	ESPÈCES des unités	QUANTITÉS à livrer	PRIX de l'unité	TOTAUX
1	Charbon, qualité dite noisettes pour forge.	Tonne	30	63f	1 890f 00
	Total.				1 890f 00

Observations.

Le charbon pour forge sera de la qualité dite noisettes de forge, et ne devra pas contenir de poussier.

SOUMISSION

Nous soussignés, J. Assemat frères et Cie, demeurant à Conakry, nous soumettons et engageons envers le secrétaire général, stipulant au nom et par délégation de M. le gouverneur de la Guinée française, à fournir et à livrer à nos frais et risques dans les locaux du service local ou à l'emplacement désigné par l'administration, à Conakry, dans les délais et aux conditions déterminées par le cahier des charges relatif à la fourniture des matériaux, denrées et objets nécessaires au service local du 1er avril 1905 au 31 mars 1906, composant le lot n° 2, moyennant le prix total de mille huit cent quatre-vingt-dix francs.

Il est bien entendu que les quantités portées dans la nomenclature auxquelles les prix unitaires sont appliqués par l'adjudication, n'engagent en rien l'administration de la colonie, et seront réduites ou augmentées suivant les besoins.

Nous déclarons, en outre, avoir une parfaite connaissance du cahier des charges relatives à la présente fourniture, ainsi que des conditions générales des marchés du 7 juillet 1899, et nous engageons à nous y conformer en tout ce qui n'est pas contraire aux stipulations qui précèdent.

Conakry, le 16 février 1905.

Par procuration de J. Assemat frères et Cie,

Signé : PAILLARD.

*État annexé au cahier des charges de l'adjudication générale
des fournitures du 1ᵉʳ avril 1905 au 31 mars 1906.*

3ᵉ lot. — RIZ, FOIN, MIL, ORGE, PAILLE D'ARACHIDES, SEL

Nᵒˢ d'ordre	DÉSIGNATION DES MATIÈRES	ESPÈCES des unités	QUAN- TITÉS à livrer	PRIX de l'unité	TOTAUX
1	Riz	Tonne	200	230ᶠ 75	47 350ᶠ 00
2	Foin.	—	5	190 00	950 00
3	Mil	—	5	180 c0	900 00
4	Orge	—	1 ¹/₂	250 00	375 00
5	Paille d'arachides.	—	2	400 00	800 00
6	Sel	—	20	84 00	1 680 00
	TOTAL				52 055ᶠ 00

Observations.

1° *Riz.* — Le riz sera livré en sacs de 25 kilogr. Les sacs devront être confectionnés avec de la toile très forte.

Le riz *brisure* n'est pas admis. La tare des sacs sera défalquée du poids total.

2° *Foin.* — Le foin devra provenir de France. Il sera de bonne qualité, parfaitement sec, et ne présentera aucune trace d'humidité ou de fermentation, par suite de l'empilage; il ne devra pas avoir été altéré par les pluies, lors de la dessiccation, ou depuis son emballage.

3° *Mil.* — Le mil sera de bonne qualité, de la dernière récolte, et non charançonné.

4° *Orge.* — L'orge sera de bonne qualité et non charançonné.

5° *Paille d'arachides.* — La paille d'arachides sera de bonne qualité, de la dernière récolte, et ne devra présenter aucune trace d'humidité ou de fermentation.

6° *Sel.* — Le sel sera livré en sacs de 25 kilogr., les sacs devront être de toile très forte. Lors de la livraison, le sel ne devra pas être humide.

SOUMISSION

Je soussignée, Compagnie coloniale d'exportation, demeurant à Conakry, me soumets et m'engage envers le lieutenant-gouverneur, stipulant au nom de la colonie de la Guinée française, à fournir et à livrer à mes frais et risques dans les locaux du service local, dans le délai et aux conditions déterminés par le cahier des charges relatif à la fourniture des matériaux nécessaires au service local du 1er avril 1905 au 31 mars 1906, composant le lot n° 3, moyennant le prix total de cinquante-deux mille cinquante-cinq francs (52 055 fr.).

Je déclare, en outre, avoir une parfaite connaissance des conditions générales du 7 juillet 1899, et je m'engage à m'y conformer en tout ce qui n'est pas contraire aux stipulations qui précèdent.

Conakry, le 16 février 1905.

> Compagnie coloniale d'exportation,
> *L'agent fondé de pouvoir p. i.,*
> Signé : VERNÈDE.

État annexé au cahier des charges de l'adjudication générale des fournitures du 1er avril 1905 au 31 mars 1906.

4e lot. — TOILES, TISSUS, HABILLEMENT

N° d'ordre	DÉSIGNATION DES MATIÈRES	ESPÈCES des unités	QUANTITÉS à livrer	PRIX de l'unité	TOTAUX
1	Coutil blanc, 1m,40 de largeur.	mètre.	900	1f 85	1 665f 00
2	Toile kaki, 0m,80 de largeur.	—	4 500	0 85	3 825 00
3	— à matelas forte, 1m,60 de largeur.	—	60	2 10	126 00
4	— — , 1m,20 —	—	80	1 60	128 00
5	— pour oreillers et traversins.	—	60	2 10	126 00
6	Chéchias bleues avec gland (Milice)	nombre.	570	2 15	1 225 50
7	Casquettes de premier-maître, mod. réglement. .	—	4	5 55	22 20
8	— second-maître, —	—	4	5 30	21 20
9	Boutons dorés, ancre en relief.	douzaine.	12	2 05	24 60
10	Bérets du modèle de la marine avec jugulaire blanche	nombre.	160	3 05	488 00
	A reporter.				7 051f 50

4ᵉ lot. — TOILES, TISSUS, HABILLEMENT (Suite)

Nᵒˢ d'ordre	DÉSIGNATION DES MATIÈRES	ESPÈCES des unités	QUANTITÉS à livrer	PRIX de l'unité	TOTAUX
	Report				7 651 50
11	Casquettes d'infirmiers, avec initiales I. L. . . .	nombre.	28	5ᶠ 00	140 00
12	Drap vert pour bureau.	mètre.	100	2 60	260 00
13	Bordure bleue, tresse laine.	—	2 000	0 10	200 00
14	Torchois toile pour essuyage	douzaine.	20	8 00	160 00
15	Tulle pour moustiquaires.	mètre.	450	2 35	1 057 50
16	Boutons pour les miliciens, en cuivre avec l'inscription « Guinée française ».	nombre.	3 460	0 20	692 00
17	Toile bleue très forte, 0ᵐ,80 de largeur.	mètre.	1 600	0 65	1 040 00
18	Chéchias, gris fer, et insignes des postes et télégraphes (foudre) brodés en jaune sur demi-lune d'étoffe de même couleur que la chéchia . . .	nombre.	250	2 15	537 50
19	Tricots rayés marin, bleu et blanc, modèle réglementaire.	—	200	1 85	370 00
22	Serviettes de toilette pour bureaux (nid de guêpes).	douzaine.	6	8 20	49 20
23	Sacs vides à riz de 25 kilogr.	nombre.	1 000	0 20	200 00
24	Pavillons français, étamine pure laine de 0ᵐ,80 sur 1ᵐ,20	—	100	3 50	350 00
25	Pavillons français, étamine pure laine de 1ᵐ,20 sur 1ᵐ,50	—	100	5 50	550 00
26	Étamine pure laine blanche	mètre.	50	0 75	37 50
27	— — bleue	—	50	0 75	37 50
28	— — rouge	—	100	0 75	75 00
	TOTAL.				13 407ᶠ 70

Observation.

Les toiles et les tissus ne laisseront rien à désirer au point de vue de la qualité des matières et de la fabrication. Les fils employés pour la fabrication des toiles seront de première qualité. Les tissus, toiles et tous les autres objets seront de fabrication française.

Les étamines seront en pure laine non mélangée, bien fabriquée, bon teint et d'un tissu uni.

Toutes les pièces d'étoffe devront être d'une fabrication soignée à laize égale dans toute la longueur des pièces.

La toile bleue devra être teinte en fil à l'indigo pur de cuve, sans avivage.

Les soumissionnaires fourniront des échantillons pour ce qui concerne les tissus.

Les pavillons nationaux confectionnés devront avoir une gaine de toile fine et drisse de pavillon tressée avec œillet aux deux bouts (modèle de la marine).

2

SOUMISSION

Nous soussignée, Compagnie française de l'Afrique occidentale, nous soumettons et nous engageons envers le secrétaire général, stipulant au nom et par délégation de M. le gouverneur de la Guinée française, à fournir et à livrer, à nos frais et risques, dans les locaux du service local, ou à l'emplacement désigné par l'administration, à Conakry, dans les délais et aux conditions déterminés par le cahier des charges relatif à la fourniture des matériaux et objets divers nécessaires au service local du 1ᵉʳ avril 1905 au 31 mars 1906, composant le lot n° 4, moyennant le prix total de treize mille quatre cent sept francs soixante-dix centimes (13 407 fr. 70) suivant état détaillé ci-joint.

Il est bien entendu que les quantités portées dans la nomenclature auxquelles les prix unitaires sont appliqués pour l'adjudication n'engagent en rien l'administration de la colonie et seront réduites ou augmentées suivant les besoins.

Nous déclarons, en outre, avoir une parfaite connaissance du cahier des charges particulières à ladite fourniture, ainsi que des conditions générales des marchés du 7 juillet 1899, et nous engageons à nous y conformer en tout ce qui n'est pas contraire aux stipulations qui précèdent.

Conakry, le 16 février 1905.

Par procuration de la Compagnie française de l'Afrique occidentale,
Comptoirs de la Guinée française,

P. l'agent principal,
Signé : H. DELAHITOLLE.

État annexé au cahier des charges de l'adjudication générale des fournitures du 1ᵉʳ avril 1905 au 31 mars 1906.

5ᵉ lot. — MATIÈRES, OBJETS ET USTENSILES DIVERS

Nᵒˢ d'ordre	DÉSIGNATION DES MATIÈRES	ESPÈCES des unités	QUANTITÉS à livrer	PRIX de l'unité	TOTAUX
1	Bascules pesant jusqu'à 200 kilogr. avec série de poids	nombre.	6	45ᶠ00	270ᶠ00
2	Balances Roberval de 50 kilogr. avec série de poids cuivre et fonte	—	6	48 00	288 00
3	Crin animal torqué	kilogr.	100	4 50	450 00
4	Laine pour matelas	—	100	3 30	330 00
5	Chaises en fer pliantes	nombre.	60	3 80	228 00
6	Cuvettes et pot à eau en fer émaillé	—	30	4 25	127 50
7	Couvertures grises ordinaires	—	50	8 00	400 00
8	Savon de Marseille	kilogr.	1 000	0 40	400 00
9	Lampes en cuivre	nombre.	25	10 00	250 00
10	Toile d'emballage goudronnée	mètre.	600	0 60	360 00
11	Ficelle d'emballage	kilogr.	50	2 30	115 00
12	Balais en paille de riz ou millet	nombre.	200	0 80	160 00
13	— de bruyère	—	250	0 40	100 00
14	Potasse du commerce	kilogr.	150	0 35	52 50
15	Suif en boîtes de 5 kilogr.	—	150	1 05	157 50
16	Verres de lampes en cristal pour les reverbères de Conakry et de Boké	nombre.	800	0 50	400 00
17	Verres à vitres doubles 57/47	m. carré.	200	5 00	1 000 00
18	Poudre de mine, bonne qualité	kilogr.	1 000	1 50	1 500 00
19	Cordeau Bickford	mètre	2 000	0 04	80 00
20	Blanc d'Espagne	kilogr.	300	0 17	51 00
21	Bougies marque l' « Étoile » en caisse de 25 paquets de 450 gr.	caisse.	40	19 25	770 00
22	Lanternes de gardien à pétrole verre mobile	nombre.	50	4 00	200 00
23	Verres pour lanternes	—	20	0 65	13 00
24	Mèches pour lampes de ville	mètre.	500	0 80	400 00
25	— lanternes de gardien	—	100	0 15	15 00
26	Brosses rondes pour essuyage des verres de lampe	nombre.	40	0 30	12 00
27	Sel ammoniac pour souder	kilogr.	15	1 40	21 00
28	Acide chlorhydrique en dames-jeannes	litre.	30	1 25	37 50
29	Brosses chiendent	nombre.	24	0 65	15 60
30	Mèches pour lampes en cuivre	mètre.	20	1 00	20 00
31	Papier d'emballage de 1ᵐ,50 de largeur	kilogr.	200	0 40	80 00
32	Plumeaux	nombre.	10	1 75	17 50
33	Tête de loup	—	6	3 50	21 00
34	Nasses à rats	—	10	2 25	22 50
35	Chaises cannées très fortes	—	60	10 00	600 00
36	Brocs émaillés de contenance de 7 à 8 litres	—	25	3 00	75 00
37	Seaux hygiéniques	—	25	3 50	87 50
38	Coffres-forts de 30 kilogr.	—	10	56 00	560 00
39	Barreaux de grille	—	150	2 25	337 50
	TOTAL				9 024ᶠ60

Observations.

Le crin animal sera neuf, nerveux, à longs brins, exempt de soie, ainsi que de toutes autres matières étrangères.

La laine sera blanche et ouverte par le battage, elle devra être lavée à fond, ne dégager aucune odeur de gras ou de suint.

Elle ne laissera à la main aucune impression grasse ou humide, elle sera parfaitement sèche, exempte de poussière et de tous autres corps étrangers.

Les soumissionnaires fourniront des échantillons pour les articles indiqués dans la nomenclature.

SOUMISSION

Nous soussignée, Compagnie Française de l'Afrique occidentale, demeurant à Conakry, nous soumettons et nous engageons envers le secrétaire général, stipulant au nom et par délégation de M. le gouverneur de la Guinée française, à fournir et à livrer à nos frais et risques dans les locaux du service local ou à l'emplacement désigné par l'administration à Conakry, dans les délais et aux conditions déterminés par le cahier des charges relatif à la fourniture des matériaux, denrées et objets divers nécessaires au service local du 1er avril 1905 au 31 mars 1906, composant le lot n° 5, moyennant le prix total de neuf mille neuf cent vingt-quatre francs soixante centimes (9 924 fr. 60).

Il est bien entendu que les quantités portées dans la nomenclature auxquelles les prix unitaires sont appliqués pour l'adjudication n'engagent en rien l'administration de la colonie et seront réduites ou augmentées suivant les besoins.

Nous déclarons, en outre, avoir une parfaite connaissance du cahier des charges particulières à ladite fourniture, ainsi que des conditions générales des marchés du 7 juillet 1899, et nous engageons à nous y conformer en tout ce qui n'est pas contraire aux stipulations qui précèdent.

Conakry, le 16 février 1905.

Par procuration de la Compagnie française de l'Afrique occidentale,
Comptoir de la Guinée française,

P. l'agent principal,
Signé : H. Delamitolle.

État annexé au cahier des charges de l'adjudication générale des fournitures du 1ᵉʳ avril 1905 au 31 mars 1906.

6ᵉ lot. — OUTILS DE PROFESSIONS DIVERSES

N° d'ordre	DÉSIGNATION DES MATIÈRES	ESPÈCES des unités	QUANTITÉS à livrer	PRIX de l'unité	TOTAUX
1	Crochets demi-ronds	nombre.	50	0f 08	4f 00
2	— à 2 pitons.	—	150	0 12	18 00
3	Charnières en fer de $0^m,06$ avec vis	—	12	0 15	1 80
4	— de $0^m,10$ —	—	20	0 25	5 00
5	Pentures en fer dites paumelles de $0^m,50$	—	50	1 40	140 00
6	— anglaises de $0^m,60$	—	80	1 60	128 00
7	— $0^m,80$	—	60	2 00	120 00
8	Limes tiers-point de $0^m,15$	—	180	0 40	72 00
9	— $0^m,20$	—	130	0 60	78 00
10	— bâtardes de $0^m,30$ à main	—	120	1 25	162 50
11	— empaillées acier corroyé de un quart au paquet	—	140	1 50	210 00
12	— quart de 2 au paquet	—	140	0 75	105 00
13	— demi-rondes empaillées, acier	—	130	0 50	65 00
14	— queue-de-rat de $0^m,20 \times 0^m,35$	—	60	0 60	36 00
15	Manches de lime de différentes grosseurs, 1ʳᵉ qualité, virole cuivre.	—	60	0 15	9 00
16	Fil de fer galvanisé n° 3, très fort	kilogr.	50	0 60	30 00
17	Seaux en tôle galvanisée très forte de 14 à 15 litres.	nombre.	120	3 50	420 00
18	Arrosoirs en tôle galvanisée, ovales avec pommes, non peints, de 14 litres	—	50	7 50	375 00
19	Pointes de vitrier.	kilogr.	30	1 85	55 50
20	— fines à bois de 30^m_m.	—	35	0 75	26 25
21	— de Paris de 40^m_m.	—	85	0 38	32 30
22	— — 35	—	125	0 38	47 50
23	— — 40	—	140	0 38	53 20
24	— — 50	—	150	0 38	57 00
25	— — 60	—	165	0 38	62 70
26	— — 70	—	125	0 38	47 50
27	— — 80	—	150	0 38	57 00
28	— — 90	—	140	0 38	53 20
29	— — 100	—	125	0 38	47 50
30	— — 120	—	240	0 38	91 20
31	— — 150	—	225	0 38	85 50
32	— — 180	—	225	0 38	85 50
33	— — 200	—	125	0 38	47 50
34	Clous cuivre de 20 à 30^m_m.	—	25	2 50	62 50
35	— à construction de 50^m_m	—	30	0 75	22 50
36	— — 70	—	100	0 75	75 00
37	— — 90	—	100	0 75	75 00
38	— — 100	—	200	0 75	150 00
39	— cuivre à doublage de 15 à 30^m_m.	—	20	2 50	50 00
40	Cuivre à doublage.	feuille.	20	4 00	80 00
41	Bêches emmanchées en acier, 1ʳᵉ qualité, de $0^m,30$.	nombre.	140	2 90	406 00
42	Pioches pour terrassement à œil oval de 3k,500 en acier	—	300	2 25	675 00
43	Haches emmanchées en acier pour charpentier, poids 2 kilogr	—	70	4 00	280 00
	À reporter…				4 705 65

6ᵉ lot. — OUTILS DE PROFESSIONS DIVERSES (*Suite*)

Nᵒ d'ordre	DÉSIGNATION DES MATIÈRES	ESPÈCES des unités	QUANTITÉS à livrer	PRIX de l'unité	TOTAUX
	Report				4 704 65
44	Pelles de terrassiers, dites pelles allemandes, avec manche	nombre.	320	1 65	528 00
45	Faucilles	—	50	0 75	37 50
46	Binettes	—	30	2 00	60 00
47	Paumelles doubles H, en cuivre à olive de 160mm de haut et de 60mm d'écartement, avec les vis	—	200	1 30	260 00
48	Targettes tout cuivre de 0m,04	—	40	0 75	30 00
49	— — 0m,06	—	40	0 90	36 00
50	Tôles ondulées galvanisées de 1m,80 × 0m,66, renforcées d'épaisseur 8/10 de mm	—	2 000	2 60	5 200 00
51	Tôles ondulées galvanisées de 1m,80 × 0m,66, renforcées de 4/10 de mm	—	1 000	1 90	1 900 00
52	Clous pour tôles ondulées avec rondelles en plomb	kilogr.	450	0 90	405 00
53	Serrures d'armoire en cuivre de 0m,05	nombre.	50	1 75	87 50
54	Serrures ordinaires, pêne universel demi-tour 70mm avec béquille en cuivre de 0m,05, chanfrein en poussant	—	50	5 50	275 00
55	Serrures de sûreté dites poussées avec entrées rosette, gâche à baguette, 2 clefs, garniture droite, blanchies, de 0m,16	—	40	5 00	200 00
56	Crémones de Paris, modèle orné de 2m,50 de longueur et 0,020 de diamètre	—	100	3 75	375 00
57	Soudure d'étain en baguettes	kilogr.	80	3 25	260 00
58	Étain fin en baguettes	—	20	4 50	90 00
59	Zinc en grandes feuilles	—	200	0 80	160 00
60	Boulons TR, TC et 6 pans de dimensions courantes	—	500	0 60	300 00
61	Fers ronds de 10, 15, 18, 20, 22, 25, 30, et 40mm de diamètre	—	2 000	0 22	440 00
62	Fers plats de 40/10, 50/10, 40/20, 50/20, 60/15, 60/20, 70/15, 70/20, 30/10, 30/7, 35/10, 35/7, 60/10, 80/10, 100/10	—	2 000	0 22	440 00
63	Fers carrés de 10/15, et 20/30	—	1 000	0 22	220 00
64	Acier fondu pour outillage carré de 20/20, 30/30 et 40/40	—	300	1 25	375 00
65	Barres de fer cornières à branches égales de 60/60, poids du mètre 4kg,550, longueur des barres, 6 mètres	—	200	0 22	44 00
66	Cornières de 40/40, poids du mètre 3 kilogr., barres de 4 mètres	—	400	0 22	88 00
67	Barres de fer cornières de 20/30 pesant 2kg,600, longueur des barres, 6 mètres	—	400	0 22	88 00
68	Verrous à tige ronde en fer forgé de 0m,40 de longueur	nombre.	40	1 50	60 00
69	Verrous de haut, boîte cuivre de 0m,60	—	40	2 50	100 00
70	— bas, — 0m,33	—	40	1 60	64 00
71	Clefs anglaises, manches fer de 0m,35 à mâchoires doubles en acier	—	20	8 50	170 00
72	Clefs à molettes de 0m,25 tout en acier	—	40	5 25	210 00
73	Ronces artificielles	—	4 000	0 05	200 00
74	Tôles de chaudronnier, épaisseur 0m,0015	m. carré.	20	3 00	60 00
75	— — 2mm	—	20	4 00	80 00
76	— — 3mm	—	20	5 50	110 00
	À reporter				17 677 65

6ᵉ lot. — OUTILS DE PROFESSIONS DIVERSES (*Suite*)

Nᵒˢ d'ordre	DÉSIGNATION DES MATIÈRES	ESPÈCES des unités	QUAN-TITÉS à livrer	PRIX de l'unité	TOTAUX
	Report	. . . . .	. . .	. . . .	1765ᶠ65
77	Tôles de chaudronnier, épaisseur 4ᵐ/ₘ	m. carré.	20	7ᶠ 25	145 00
78	— — 5	—	15	9 00	135 00
79	— — 6	—	15	10 75	161 25
80	— — 8	—	15	12 50	187 50
81	Rivets de dimensions courantes.	kilogr.	500	0 55	275 00
82	Roues de brouettes tout en fer, moyeu fonte à rayons plats rivés sur la jante	nombre.	60	8 00	480 00
83	Tire-fonds à vis de bois à têtes carrées de 0ᵐ,08 de longueur	—	500	0 10	50 00
84	Cuivre en barres de 25,30, 40 et 50ᵐ/ₘ	kilogr.	200	2 35	705 00
85	Arrêts de persiennes à paillettes à entailles . . .	nombre.	100	1 50	150 00
86	Arrêts de croisée à bascule	—	100	0 20	20 00
87	Becs de cane de 70ᵐ/ₘ à pêne universel avec béquille cuivre du type de la serrure, nᵒ 54 . . .	—	50	3 50	175 00
88	Clanches à ressort avec olives rondes et les vis. .	—	40	1 25	50 00
89	Poignées de tiroirs pour commodes.	—	20	0 85	17 00
90	Boutons de tables de nuit, en verre.	—	20	0 30	6 00
91	Tôles faîtières galvanisées de 8/10 de ᵐ/ₘ d'épaisseur, longueur courante	—	200	1 75	350 00
92	Massettes de cantonnier de 800 gr.	—	100	1 20	120 00
93	Grosses massettes de carrier, poids 6 kilogr. . .	—	20	4 75	95 00
94	Brosses plates à peindre de 0ᵐ,10.	—	40	2 00	80 00
95	— — 0ᵐ,08.	—	45	1 90	85 50
96	— — 0ᵐ,06.	—	30	1 80	54 00
97	— — 0ᵐ,05.	—	50	1 10	55 00
98	— — 0ᵐ,04.	—	40	1 00	40 00
99	— — 0ᵐ,03.	—	40	0 60	24 00
100	— à blanchir	—	60	1 90	114 00
101	Meules pour menuisiers, diamètre 0ᵐ,50, pierre seule.	nombre	10	7 50	75 00
102	Toron en coton pour machine	kilogr.	40	2 25	90 00
103	Manches de pelles allemandes en bois recourbé naturel.	nombre.	400	0 85	340 00
104	Manches de pioches.	—	100	0 48	48 00
105	Papier verre assorti.	feuille.	500	0 03	30 00
106	Arbre de meule.	nombre.	10	2 50	25 00
107	Manches de haches	—	200	0 75	150 00
108	Colle forte pour menuisier	kilogr.	60	1 50	90 00
109	Machettes.	nombre.	500	0 35	175 00
110	Marteaux de menuisier	—	20	1 65	33 00
111	Ciseaux à froid.	—	10	0 85	8 50
112	Tenailles de menuisier.	nombre.	10	1 70	17 00
113	Ciseaux à bois.	—	10	1 25	12 50
114	Scies de 50ᶜᵐ environ.	—	10	3 00	30 00
115	Rabots.	—	5	2 40	12 00
116	Vrilles.	—	10	0 25	2 50
117	Tourne-vis.	—	10	0 95	9 50
118	Paumelles double H en cuivre à olive, hauteur 0ᵐ,180 s/60ᵐ/ₘ écartement et les vis.	—	200	1 75	350 00
119	Cadenas fort en cuivre	—	40	1 50	60 00
120	Crochets d'armoires de 7 à 10ᶜᵐ	—	20	0 05	1 00
121	Manches de marteaux à frapper	—	40	0 65	20 00
122	Mètres pliants en cuivre.	—	10	0 55	5 50
	À reporter	. . . .	. . .	. . . .	22822ᶠ40

6ᵉ lot. — OUTILS DE PROFESSIONS DIVERSES (*Suite*)

Nᵒˢ d'ordre	DÉSIGNATION DES MATIÈRES	ESPÈCES des unités	QUAN- TITÉS à livrer	PRIX de l'unité	TOTAUX
	Report.	. . . . .	. . . .	. . . .	22 822ᶠ 40
123	Mètres pliants en bois.	nombre.	20	0 85	17 00
124	Rabot de maçon pour mortier, avec manche. . .	—	24	4 60	110 40
125	Griffes à 3 dents pour béton.	—	24	5 00	120 00
126	Limes tiers-point de 0ᵐ,30.	—	24	0 60	14 40
127	— — 0ᵐ,40.	—	24	0 75	18 00
128	— carrées de 10$_m$.	—	24	2 00	48 00
129	— — 15	—	24	2 25	54 00
130	— — 20	—	24	2 50	60 00
131	Charnières cuivre avec les vis, de 0ᵐ,06 . . .	—	20	0 30	6 00
132	— — 0ᵐ,08	—	20	0 40	8 00
133	— — 0ᵐ,10	—	20	0 60	12 00
134	Métal déployé nᵒ 11, mailles de 75$_m$, en feuille de 2ᵐ,40 × 2ᵐ,40	feuille.	100	15 00	1 500 00
135	Clefs brutes assorties de 0ᵐ,12 à 0ᵐ,08	nombre.	100	0 35	35 00
136	Verrous de sûreté de 70$_m$, bouton à molettes, 2 clefs à gorge.	—	20	6 70	134 00
137	Vis en cuivre à tête ronde et tête plate, toutes dimensions.	douzaine.	100	0 35	35 00
138	Barres à mine en acier à pans, longueur 2 mètres, grosseur 30$_m$	nombre.	30	10 00	300 00
139	Vis à bois à tête ronde et tête plate, toutes dimensions.	douzaine.	100	0 20	20 00
140	Allumettes suédoises	paquet.	150	0 25	37 50
	TOTAL	. . . . .	. . . .	. . . .	25 351ᶠ 70

Observations.

La quincaillerie devra être de première qualité et de provenance française. Tous les articles de quincaillerie devront comprendre les fournitures pour leur mise en place. Toutes les serrures seront de première qualité et revêtues de l'estampille de l'Union des quincailliers. Les serrures dont la marque est indiquée ci-dessus seront considérées comme étant seules de première qualité. Lors de la vérification, s'il est reconnu que, par la force ou le fini de l'exécution, ces serrures ne sont pas entièrement conformes aux types, ou si une pièce est établie en fonte malléable, elles seront refusées. Pour les serrures, fournir la moitié à droite poussant et l'autre moitié à gauche tirant.

Les soumissionnaires devront fournir des échantillons pour les objets indiqués dans la nomenclature.

Fers. — Les fers seront de première qualité, bien réguliers, doux non cassant, nerveux, malléables à froid et à chaud, bien soudant, d'un grain fin et homogène, sans paille, gerçure, brûlure, ou autres défauts quelconques. Leurs surfaces seront nettes, sans oxyde. Les fers ronds jusqu'au diamètre de 30 millimètres devront pouvoir être pliés à 45° (quarante-cinq degrés) et redressés à froid sans éprouver d'altération.

Les fers à T, les cornières et autres profils seront exactement de l'échantillon demandé, d'un calibre uniforme et bien dressé. Ils devront être peints au minium (deux couches).

Tôles galvanisées ou ondulées. — Elles devront être très bien laminées et ne pas se fendre ni s'ouvrir sous le poinçon. Elles devront avoir l'épaisseur fixée au tableau de la nomenclature (huit dixièmes de millimètre), pesant 7^{k},390 la feuille de 1,80 sur 0,66. Toutes les feuilles d'un poids moindre seront refusées.

Les feuilles devront avoir été galvanisées à deux couches et ne présenter aucune piqûre ou trace d'oxydation.

Acier. — Il sera de première qualité, dit acier pour outillage, et en barres de 2 à 3 mètres de long.

SOUMISSION

Je soussignée, Compagnie coloniale d'exportation demeurant à Conakry, me soumets et m'engage envers le lieutenant-gouverneur, stipulant au nom de la colonie de la Guinée française, à fournir et à livrer à mes frais et risques, dans les locaux du service local, dans le délai et aux conditions déterminées par le cahier des charges relatif à la fourniture des matériaux nécessaires au service local du 1er avril 1905 au 30 mars 1906, composant le lot n° 6, moyennant le prix total de vingt-cinq mille trois cent cinquante et un francs soixante-dix centimes.

Je déclare en outre avoir une parfaite connaissance des conditions générales du 7 juillet 1899 et je m'engage à m'y conformer en tout ce qui n'est pas contraire aux stipulations qui précèdent.

Conakry, le 10 février 1905.

Compagnie coloniale d'exportation.

L'agent fondé de pouvoir p. i.

Signé : VERNÈDE.

État annexé au cahier des charges de l'adjudication générale des fournitures du 1er avril 1905 au 31 mars 1906.

7e lot. — CORDAGES ET OBJETS SPÉCIAUX DE MATÉRIEL NAVAL

N° d'ordre	DÉSIGNATION DES MATIÈRES	ESPÈCES des unités	QUANTITÉS à livrer	PRIX de l'unité	TOTAUX
1	Tolets en fer galvanisé avec les accessoires pour embarcations	nombre.	60	1f 25	75f 00
2	Bitord	kilogr.	50	1 30	65 00
3	Cordage blanc, différentes dimensions	—	600	1 30	780 00
4	Cordage goudronné	—	1 000	1 20	1 200 00
5	Drisse de pavillon	mètre.	1 000	0 12	120 00
6	Fil à voile	kilogr.	50	2 60	130 00
7	Luzin goudronné	—	50	1 50	75 00
8	Ligne blanche pour sonde	mètre.	300	0 15	45 00
9	Crocs galvanisés	nombre.	30	0 90	27 00
10	Œillets à voile	—	400	0 05	20 00
11	Aviron frêne, long. 3m,65	—	40	6 50	260 00
12	— — 4m,26	—	30	8 80	264 00
13	— — 4m,87	—	20	10 25	205 00
14	— — 5m,48	—	6	12 25	73 50
15	Étoupe goudronnée	kilogr.	100	0 75	75 00
16	Toile à voile, différents numéros	mètre.	1 000	1 50	1 500 00
17	— , n° 3	—	200	1 50	3 000 00
18	— émerisée	feuille.	50	0 08	4 00
19	Déchet de coton pour essuyage	kilogr.	500	0 75	375 00
20	Pelles de chauffe plate emmanchées	nombre.	10	4 60	46 00
21	Brasure de cuivre, 1re qualité	kilogr.	20	2 20	44 00
22	Borate de soude	—	40	0 75	30 00
23	Vaseline en boîte de 2 kilogr.	—	80	3 25	260 00
24	Plomb laminé pour joints en feuilles de 2m,m d'épaisseur	—	1 000	0 52	520 00
25	Aiguilles à voile	nombre.	100	0 08	8 00
26	— à coudre	—	50	0 02	1 00
27	Bouées de sauvetage	—	25	10 00	250 00
28	Fanaux de rade	—	18	5 00	90 00
29	Poulies D, n° 29	—	18	5 00	90 00
30	Poulies S	—	26	4 00	104 00
31	Ancres pour canot avec chaîne	—	6	43 00	258 00
32	Peintures de carène	kilogr.	350	3 00	1 050 00
33	Ligne blanche pour sonde fine	mètre.	400	0 20	80 00
34	Ceinture de sauvetage	nombre.	40	7 50	300 00
35	Bougies pour fanaux de bord	kilogr.	150	2 00	300 00
36	Huile à brûler pour lampe de bord	—	500	0 70	350 00
37	Mannes à charbon de 25 kilogr.	nombre.	50	4 00	200 00
	TOTAL				9 574f 50

Observations.

Les cordages seront confectionnés exclusivement avec des chanvres de première qualité.

Le chanvre aura été soumis à un rouissage complet avant le broyage et le teillage. Il ne contiendra aucun autre textile.

Les cordages à l'état blanc présenteront une teinte uniforme claire et auront l'odeur caractéristique du chanvre nouveau.

Pour les cordages goudronnés, le goudronnage sera toujours opéré sur le fil servant à la fabrication des cordes ou torons.

Les cordages goudronnés devront contenir une proportion de goudron comprise entre 14 et 16 °/₀ de leur poids.

La charge de rupture du cordage ne devra pas être inférieure à 10 000 P pour les cordages blancs, et à 7 000 P pour les cordages goudronnés : P étant le poids moyen du mètre résultant de la pesée directe du bout soumis à l'expérience.

Le fil à voile sera très uni, sec et non lissé.

SOUMISSION

Je soussignée, Compagnie coloniale d'exportation, demeurant à Conakry, me soumets et m'engage envers le lieutenant-gouverneur, stipulant au nom de la colonie de la Guinée française, à fournir et à livrer à mes frais et risques dans les locaux du service local, dans le délai et aux conditions déterminées par le cahier des charges relatif à la fourniture des matériaux nécessaires au service local du 1ᵉʳ avril 1905 au 31 mars 1906, composant le lot n° 7, moyennant le prix total de neuf mille cinq cent soixante-quatorze francs et cinquante centimes, (9 574 fr. 50).

Je déclare en outre avoir une parfaite connaissance des conditions générales du 7 juillet 1899 et m'engage à m'y conformer en tout ce qui n'est pas contraire aux stipulations qui précèdent.

Conakry, le 16 février 1905.

Compagnie coloniale,
L'agent fondé de pouvoir p. i.,
Signé : VERNÈDE.

État annexé au cahier des charges de l'adjudication générale des fournitures du 1ᵉʳ avril 1905 au 31 mars 1906.

8ᵉ lot. — BOIS

Nᵒˢ d'ordre	DÉSIGNATION DES MATIÈRES	ESPÈCES des unités	QUAN-TITÉS à livrer	PRIX de l'unité	TOTAUX
1	Madriers p. pin de 10 mètres long., 0,30/0,08	m. cube.	50	95ᶠ 00	4 750ᶠ 00
2	Madriers p. pin de 6 à 10 mètres, 0,22/0,08	—	30	95 00	2 850 00
3	Poutres p. pin de 6 mètres, 0,15/0,15	—	2	95 00	190 00
4	Planches parquet p. pin bouvetées, de 6 mètres, p. 0,15 s/0,03	—	6	150 00	900 00
5	Voliges de plafond de 6 mètres, 0,10/0,10	—	3	150 00	450 00
6	Planches p. pin de 6 mètres, 0,22/0,040 d'épaisseur.	—	15	95 00	1 425 00
7	Planches p. pin de 6 mètres, 0,22/0,030 d'épaisseur.	—	15	95 00	1 425 00
8	Planches p. pin de 6 mètres, 0,22/0,025 d'épaisseur.	—	20	95 00	1 900 00
9	Planches p. pin de 6 mètres, 0,22/0,020 d'épaisseur.	—	20	95 00	1 900 00
10	Madriers sapin rouge de 6 mètres, 0,22/0,04 1T	m. lin.	3 000	1 80	5 400 00
11	— — , 0,22/0,025 2T.	—	3 000	1 80	5 400 00
12	— — , 0,22/0,020 3T.	—	3 000	1 80	5 400 00
13	— — , 0,22/0,015 4T.	—	3 000	1 80	5 400 00
14	Madriers sapin pleins de 6 mètres, 0,22/0,08	—	2 000	1 60	3 200 00
15	Planches sapin, dites américaines, de 4 à 6 mètres de longueur, s/0,30 de largeur et 0,025 d'épaisseur.	—	300	0 70	210 00
	Total				40 800ᶠ 00

Observations.

Les bois devront être de droit fil, ni échauffés, ni gras, sans malandre, aubier, roulures, gélivures, nœuds vicieux, pourriture et autres défauts.

Le pitchpin proviendra du sud des États-Unis d'Amérique et notamment des États de Floride, Géorgie, Louisiane et Alabama.

Il sera à grains fins, de la première qualité, et proviendra d'arbres gommés.

Le sapin rouge proviendra du Nord, des forêts de Suède-Norvège ou de Pologne. Une certification de l'origine de ces bois pourra être exigée lors des fournitures. Les bois devront avoir exactement les dimensions portées à l'état annexé comme largeur et épaisseur.

SOUMISSION

Nous soussignée, Compagnie française de l'Afrique occidentale, nous soumettons et nous engageons envers le secrétaire général, stipulant au nom et par délégation de M. le gouverneur de la Guinée française, à fournir et à livrer à nos frais et risques, dans les locaux du service local ou à l'emplacement désigné par l'administration, à Conakry, dans les délais et aux conditions déterminées par le cahier des charges relatif à la fourniture des matériaux, denrées et objets divers nécessaires au service local du 1er avril 1905 au 31 mars 1906, composant le lot n° 8, moyennant le prix total de quarante mille huit cents francs (40 800 fr.).

Il est bien entendu que les quantités portées dans la nomenclature auxquelles les prix unitaires sont appliqués pour l'adjudication n'engagent en rien l'administration de la colonie et seront réduites ou augmentées suivant les besoins.

Nous déclarons en outre avoir une parfaite connaissance du cahier des conditions particulières à ladite fourniture ainsi que des conditions générales des marchés du 7 juillet 1899 et nous engageons à nous y conformer en tout ce qui n'est pas contraire aux stipulations qui précèdent.

Conakry, le 16 février 1905.

Par procuration de la Compagnie française de l'Afrique occidentale,
Comptoirs de la Guinée française,

P. l'agent principal,

Signé : H. DELAHITOLLE.

*État annexé au cahier des charges de l'adjudication générale
des fournitures du 1ᵉʳ avril 1903 au 31 mars 1906.*

9ᵉ lot. — BRIQUES, TUILES ET CARREAUX

Nᵒˢ d'ordre	DÉSIGNATION DES MATIÈRES	ESPÈCES des unités	QUANTITÉS à livrer	PRIX de l'unité	TOTAUX
1	Briques pleines de France, 0,223/0,11 s/0,07, pleines, pressées.	mille.	40	120ᶠ 00	4 800ᶠ 00
2	Briques tubulaires à 6 trous	—	20	65 00	1 300 00
3	Tuiles plates de Marseille, dites à triple recouvrement	—	30	145 00	4 350 00
4	Tuiles faîtières de 0ᵐ,40 de long	—	1 ¹/₂	150 00	225 00
5	Carreaux ciment striés de 20/2 ¹/₂	m. carré.	150	4 80	720 00
6	Carreaux hexagones fins, rouges, polis, pressés, de 0ᵐ,20, épaisseur 0,015, à 28 au mètre carré.	—	700	2 60	1 820 00
7	Balustres losanges en terre cuite.	mille.	8	320 00	2 560 00
8	Briques tubulaires, 9 trous, 0,22/0,11 s/0,11.	—	20	110 00	2 200 00
9	Mains courantes en terre cuite.	cent.	4	85 00	340 00
10	Carreaux faïence blancs pour revêtement, 0,15 × 0,15 × 0,008.	mille.	4	95 00	380 00
11	Carreaux octogones blancs en ciment, de 0ᵐ,20 de côté × 0,02	m. carré.	300	5 50	1 650 00
	TOTAL.				20 345ᶠ 00

Observations.

Les briques pleines de France devront être bien cuites, dures, sans
être vitrifiées, purgées de toutes matières végétales, sans gerçure.
Elles devront rendre un son clair et vif au choc du marteau et avoir les
dimensions suivantes : 22 centimètres de long, 11 centimètres de large
et 7 centimètres d'épaisseur.

Les briques creuses devront être également bien cuites, dures, sans
être vitrifiées, et surtout entières. Toute brique éclatée ou fendillée sera
refusée. Les tuiles seront bien moulées et bien cuites, entièrement
sonores, et sans gerçures, ni bavures ; elles devront, sous peine de
rebut, être exemptes de matières calcaires.

Les carreaux seront en ciment comprimé, des dimensions portées à
l'état annexe ; ils seront conformes à l'échantillon tenu à la disposition
des soumissionnaires. Ces carreaux devront être entiers, sans éclats.
Tout carreau qui ne serait pas strictement conforme au modèle fourni,

ou non intact, serait refusé. De même, aucune casse ne sera admise pour les losanges et mains courantes; toute pièce écornée ou fêlée sera rigoureusement refusée. Ces losanges et mains courantes devront être, en outre, absolument conformes aux échantillons remis aux fournisseurs.

SOUMISSION

Nous soussignée, Compagnie française de l'Afrique occidentale, demeurant à Conakry, nous soumettons et nous engageons envers le secrétaire général, stipulant au nom et par délégation de M. le gouverneur de la Guinée française, à fournir et à livrer à nos frais et risques, dans les locaux du service local ou à l'emplacement désigné par l'administration, à Conakry, dans les délais et conditions déterminés par le cahier des charges relatif à la fourniture des matériaux, denrées et objets divers nécessaires au service local du 1er avril 1905 au 31 mars 1906, composant le lot n° 9, moyennant le prix total de vingt mille trois cent quarante-cinq francs (20 345 fr.).

Il est bien entendu que les quantités portées dans la nomenclature auxquelles les prix unitaires sont appliqués pour l'adjudication n'engagent en rien l'administration de la colonie et seront réduites ou augmentées suivant les besoins du service.

Nous déclarons en outre avoir une parfaite connaissance du cahier des charges particulières à ladite fourniture ainsi que des conditions générales des marchés du 7 juillet 1899, et nous engageons à nous y conformer en tout ce qui n'est pas contraire aux stipulations qui précèdent.

Conakry, le 16 février 1905.

Par procuration de la Compagnie française de l'Afrique occidentale,
Comptoirs de la Guinée française,

P. l'agent principal,

Signé : H. DELAMITOLLE.

État annexé au cahier des charges de l'adjudication générale des fournitures du 1ᵉʳ avril 1905 au 31 mars 1906.

10ᵉ lot. — PEINTURE, HUILE, ESSENCE, VERNIS

Nᵒˢ d'ordre	DÉSIGNATION DES MATIÈRES	ESPÈCES des unités	QUANTITÉS à livrer	PRIX de l'unité	TOTAUX
1	Esprit-de-vin ou alcool	litre.	40	2ᶠ30	100ᶠ00
2	Huile de lin épurée au clair, en estagnon de 20 litres.	estagnon.	30	25 00	750 00
3	Huile cuite, huile de lin préparée comme vernis, logée	litre.	250	2 00	500 00
4	Huile de pied de bœuf.	—	10	1 50	15 00
5	Essence de térébenthine en estagnon de 20 litres.	estagnon.	25	25 00	625 00
6	Blanc de zinc broyé à l'huile.	kilogr.	200	0 60	120 00
7	Peinture noire fixe, boîte de 2 kilogr., broyée à l'huile	—	40	0 60	24 00
8	Peinture verte, boîte de 2 kilogr., broyée à l'huile	—	150	0 60	90 00
9	Peinture bleue, boîte de 2 kilogr., broyée à l'huile	—	20	0 60	18 00
10	Peinture jaune, boîte de 2 kilogr., broyée à l'huile	—	20	0 60	12 00
11	Peinture blanche, boîte de 2 kilogr., broyée à l'huile	—	600	0 60	360 00
12	Peinture rouge, boîte de 2 kilogr., broyée à l'huile	—	50	0 60	30 00
13	Siccatif en poudre, paquet de 500 grammes	—	60	1 00	60 00
14	Céruse, broyée à l'huile.	—	120	0 60	72 00
15	Vernis au pinceau.	litre.	80	3 00	240 00
16	Coaltar, en boîte de 10 et 20 kilogr.	kilogr.	300	0 40	120 00
17	Goudron fin, en boîte de 5 et 10 kilogr.	—	120	0 90	108 00
18	Huile d'arachides, logée.	litre.	1 200	0 70	910 00
19	Carbolinéum, marque « Carbonyle » de la Compagnie française du Carbonyle, en estagnon de 5 et 20 kilogr.	kilogr.	350	0 70	245 00
20	Noir de fumée en poudre	—	100	1 00	100 00
21	Huile compound spéciale pour machine marine, première qualité	—	1 500	0 70	1 050 00
22	Ocre rouge, première qualité.	—	100	0 20	20 00
23	Ocre bleue.	—	50	0 20	10 00
24	Ocre jaune.	—	100	0 50	50 00
25	Minium de fer en poudre	—	100	0 50	50 00
26	Peinture chamois.	—	140	0 80	112 00
27	Valvoline spéciale pour cylindre, logée, baril.	—	200	1 10	220 00
28	Eau de cuivre	litre.	50	1 00	50 00
29	Minium de plomb en poudre.	kilogr.	300	0 70	210 00
30	Peinture blanche au vernis.	—	100	2 50	250 00
31	— jaune clair.	—	10	2 50	25 00
32	— noir-ivoire.	—	50	2 50	125 00
33	— rose clair	—	50	2 50	125 00
34	— bleu d'azur	—	5	2 50	12 50
35	— brun-acajou	—	50	2 50	125 00
36	— gris rose pâle.	—	5	2 50	12 50
37	— marron	—	5	2 50	12 50
	À reporter				6 958 50

10ᵉ lot. — PEINTURE, HUILE, ESSENCE, VERNIS (*Suite*)

Nᵒ d'ordre	DÉSIGNATION DES MATIÈRES	ESPÈCES des unités	QUAN-TITÉS à livrer	PRIX de l'unité	TOTAUX
	Report	. . . . .	. . . .	. . . .	6 958ᶠ 50
38	Vernis au tampon.	kilogr.	10	1ᶠ 25	12 50
39	Pinceaux à virole en cuivre assortis	nombre.	75	1 00	75 00
40	Pétrole en estagnon de 20 litres	litre.	35 000	0 30	10 500 00
41	Brai gras en caisse de 5 kilogr.	kilogr.	45	0 30	13 50
42	Essence de pétrole en tonque de 20 litres. . . .	litre.	60	2 00	120 00
43	Peinture verte au vernis.	kilogr.	10	2 00	20 00
44	Graisse d'armes en boîte de 500 grammes . . .	—	20	1 25	25 00
45	Pétrole raffiné, marque « Luciline », en estagno de 10 litres.	litre.	60	1 00	60 00
	TOTAL.	. . . . .	. . . .	. . . .	17 784ᶠ 50

Observations.

Les articles tels que peinture, huile, essence, devront être de première qualité, conformes aux indications de l'état annexé.

SOUMISSION

Je soussigné, E. Chavanel, demeurant à Conakry, me soumets et m'engage envers le secrétaire général, stipulant au nom et par délégation de M. le gouverneur de la Guinée française, à fournir et à livrer à mes frais et risques dans les locaux du service local, ou à l'emplacement désigné par l'administration, à Conakry, dans les délais et aux conditions déterminées par le cahier des charges relatif à la fourniture des matériaux, denrées et objets divers nécessaires au service local du 1ᵉʳ avril 1905 au 31 mars 1906, composant le lot nᵒ 10, moyennant le prix total de dix-sept mille sept cent quatre-vingt-quatre francs cinquante centimes (17 784 fr. 50).

Il est bien entendu que les quantités portées dans la nomenclature auxquelles les prix unitaires sont appliqués pour l'adjudication n'engagent en rien l'administration de la colonie et seront réduites ou augmentées suivant les besoins.

Je déclare en outre avoir une parfaite connaissance du cahier des charges particulières à ladite fourniture, ainsi que des conditions générales des marchés du 7 juillet 1899, et m'engage à m'y conformer en tout ce qui n'est pas contraire aux stipulations qui précèdent.

Conakry, le 16 février 1905.

Par procuration de E. Chavanel.

Signé : GALIBERT.

PROCÈS-VERBAL D'ADJUDICATION

Aujourd'hui, seize février mil neuf cent cinq, nous, Tautain, secrétaire général, président; Garnier-Laroche, chef de bureau des secrétariats généraux, et Huz, officier d'administration de l'artillerie coloniale, membres, et Serre, commis de première classe des secrétariats généraux, secrétaire de la commission des marchés instituée par arrêté du 21 janvier 1905 et nommée par décision du 27 janvier 1905, avons procédé à l'adjudication sur soumissions cachetées de la fourniture des matériaux, denrées et objets divers nécessaires au service local de la Guinée française, du 1er avril 1905 au 31 mars 1906.

La séance est ouverte à 8 heures précises du matin; durant les quinze minutes qui suivent, vingt-quatre soumissions ont été remises entre les mains du président et déposées sur le bureau.

Ces soumissions décachetées et lues à haute voix ont donné les résultats suivants :

1er lot. — Chaux et ciment.

La Compagnie coloniale soumissionne au prix de. 19 592f 50
La Compagnie française soumissionne au prix de. 21 662 50
La maison Chavanel soumissionne au prix de 21 250 00

2e lot. — Charbon.

La maison Assemat soumissionne au prix de 1 890 00
La Compagnie française A. O. soumissionne au prix de. 2 233 00

3e lot. — Riz, foin, mil, orge, paille d'arachides, sel.

La Compagnie coloniale soumissionne au prix de. 52 055 00
La Compagnie française soumissionne au prix de. 51 935 00

mais sa soumission est écartée comme ne comprenant pas tous les articles prévus dans la nomenclature afférente à ce lot.

4ᵉ lot. — Toile, tissus, habillement.

La Compagnie française soumissionne au prix de. 13 407ᶠ 70
La Compagnie coloniale soumissionne au prix de. 13 581 10

5ᵉ lot. — Matières, objets et ustensiles divers.

La Compagnie française soumissionne au prix de. 9 924 00
La Compagnie coloniale soumissionne au prix de. 12 598 50

6ᵉ lot. — Outils pour professions diverses.

La Compagnie coloniale soumissionne au prix de. 25 276 70
La Compagnie française soumissionne au prix de. 25 677 05

7ᵉ lot. — Cordages et objets spéciaux de matériel naval.

La Compagnie coloniale soumissionne au prix de. 9 574 50
La Compagnie française soumissionne au prix de. 9 730 15

8ᵉ lot. — Bois.

La Compagnie française soumissionne au prix de. 40 800 00
La maison Chavanel soumissionne au prix de 41 425 00
La maison Assemat soumissionne au prix de. 45 390 00
La Compagnie coloniale soumissionne au prix de. 45 645 00

9ᵉ lot. — Briques, tuiles, carreaux.

La Compagnie française soumissionne au prix de. 20 345 00
La Compagnie coloniale soumissionne au prix de. 23 997 50

10ᵉ lot. — Peinture, essence, vernis.

La maison Chavanel soumissionne au prix de 17 534 50
La Compagnie française soumissionne au prix de. 18 093 25
La Compagnie coloniale soumissionne au prix de. 19 533 20

En conséquence,

La Compagnie coloniale, pour le 1ᵉʳ lot, au prix de. 19 592 50
La maison Assemat, pour le 2ᵉ lot, au prix de. 1 890 00
La Compagnie coloniale, pour le 3ᵉ lot, au prix de. 52 055 00
La Compagnie française, pour le 4ᵉ lot, au prix de 13 407 70
La Compagnie française, pour le 5ᵉ lot, au prix de 9 924 00
La Compagnie coloniale, pour le 6ᵉ lot, au prix de 25 276 70
La Compagnie coloniale, pour le 7ᵉ lot, au prix de 9 574 50
La Compagnie française, pour le 8ᵉ lot, au prix de 40 800 00
La Compagnie française, pour le 9ᵉ lot, au prix de 20 345 00
La maison Chavanel, pour le 10ᵉ lot, au prix de 17 534 50

ayant fait les offres les plus avantageuses pour la colonie, ont été
déclarées adjudicataires provisoires, sous réserve de la vérification des

calculs et de l'approbation du gouverneur en conseil d'administration.

Fait à Conakry les jour, mois et an que dessus.

Le président,
VERRIER.

Les membres,
GARNIER-LAROCHE, HUZ.

Le secrétaire,
J. SERRE.

1ᵉʳ lot. — Pour la Compagnie coloniale d'exportation.
VERNÈDE.

2ᵉ lot. — Par procuration de J. Assemat frères et Cⁱᵉ.
PAILLARD.

3ᵉ lot. — Pour la Compagnie coloniale d'exportation.
VERNÈDE.

4ᵉ lot. — Par procuration de la Compagnie française de l'Afrique occidentale.
FAURÉ.

5ᵉ lot. — Par procuration de la Compagnie française de l'Afrique occidentale.
FAURÉ.

6ᵉ lot. — Pour la Compagnie coloniale d'exportation.
VERNÈDE.

7ᵉ lot. — Pour la Compagnie coloniale d'exportation.
VERNÈDE.

8ᵉ lot. — Par procuration de la Compagnie française de l'Afrique occidentale.
FAURÉ.

9ᵉ lot. — Par procuration de la Compagnie française de l'Afrique occidentale.
FAURÉ.

10ᵉ lot. — Par procuration de E. Chavanel.
GALIBERT.

PROCLAMATION DES RÉSULTATS DÉFINITIFS
DE L'ADJUDICATION PROVISOIRE

Le vingt-trois février mil neuf cent cinq, à 8 heures précises du matin, conformément à l'article 9 du cahier des charges et conditions particulières relatives à l'adjudication sur soumissions cachetées de la fourniture des matériaux, denrées et objets divers nécessaires au service local de la Guinée française du 1er avril 1905 au 31 mars 1906, la commission des marchés, après examen des soumissions et rectification des erreurs de calculs commises dans l'application des prix aux quantités et dans les quantités elles-mêmes, a proclamé les résultats suivants :

1er lot. — Chaux et ciment.

La Compagnie coloniale soumissionne au prix de 19 592f 50
La Compagnie française soumissionne au prix de. 21 062 50
Chavanel soumissionne au prix de 21 250 00

2e lot. — Charbon.

J. Assemat frères soumissionnent au prix de. 1 890 00
La Compagnie française soumissionne au prix de. 2 235 00

3e lot. — Riz, foin, mil, orge, paille d'arachides, sel.

La Compagnie coloniale soumissionne au prix de 52 055 00

Compagnie française, soumission écartée comme ne remplissant pas les conditions demandées par le cahier des charges.

4e lot. — Toile, tissus, habillement.

La Compagnie française soumissionne au prix de. 13 407 70
La Compagnie coloniale soumissionne au prix de 13 581 10

5e lot. — Matières, objets et ustensiles divers.

La Compagnie française soumissionne au prix de. 9 024 60
La Compagnie coloniale d'exportation soumissionne au prix de. . . . 10 293 50

6e lot. — Outils pour professions diverses.

La Compagnie coloniale soumissionne au prix de. 25 351 70
La Compagnie française soumissionne au prix de 25 682 05

7ᵉ lot. — Cordages et objets spéciaux de matériel naval.

La Compagnie coloniale soumissionne au prix de. 9 574 50
La Compagnie française soumissionne au prix de 9 730 15

8ᵉ lot. — Bois.

La Compagnie française soumissionne au prix de 40 800 00
Chavanel soumissionne au prix de 41 425 00
La Compagnie coloniale soumissionne au prix de. 44 210 00
J. Assemat frères soumissionnent au prix de 45 390 00

9ᵉ lot. — Briques, tuiles, carreaux.

La Compagnie française soumissionne au prix de 20 345 00
La Compagnie coloniale soumissionne au prix de 23 097 50

10ᵉ lot. — Peinture, essence, vernis.

Chavanel soumissionne au prix de 17 784 50
La Compagnie française soumissionne au prix de. 18 038 25
La Compagnie coloniale soumissionne au prix de 19 453 20

Fait et clos les jour, mois et an que dessus le présent procès-verbal, qui a été signé des seuls membres de la commission.

Les adjudicataires provisoires ci-dessus désignés ayant tous consacré leurs soumissions en apposant leur signature au procès-verbal du 16 février 1905.

Le président,
VERRIER.

Les membres,
GARNIER-LAROCHE.
HUZ.

Le secrétaire,
J. SERRE.

Approuvé en conseil d'administration dans la séance du 4 mars 1905.

Le gouverneur,
FRÉZOULS.

Notifié aux intéressés le mardi 7 mars 1905.

Le secrétaire,
J. SERRE.

Reçu notification le 7 mars 1905.

1er lot. — Pour la Compagnie coloniale d'exportation.

VERNÈDE.

2e lot. — Par procuration de J. Assemat frères.

PAILLARD.

3e lot. — Pour la Compagnie coloniale d'exportation.

VERNÈDE.

4e lot. — Pour la Compagnie française de l'Afrique occidentale.

FAURÉ.

5e lot. — Pour la Compagnie française de l'Afrique occidentale.

FAURÉ.

6e lot. — Pour la Compagnie coloniale d'exportation.

VERNÈDE.

7e lot. — Pour la Compagnie coloniale d'exportation.

VERNÈDE.

8e lot. — Pour la Compagnie française de l'Afrique occidentale.

FAURÉ.

9e lot. — Pour la Compagnie française de l'Afrique occidentale.

FAURÉ.

10e lot. — Pour Chavanel.

GALIBERT.

Nancy, imprimerie Berger-Levrault et Cie.

www.ingramcontent.com/pod-product-compliance
Lightning Source LLC
Chambersburg PA
CBHW061336050726
47595CB00005B/1961